COLLECTION

DES

LIVRETS

DES

ANCIENNES EXPOSITIONS

depuis 1673 jusqu'en ...

SALON DE ...

PARIS

F. CHAMEROT

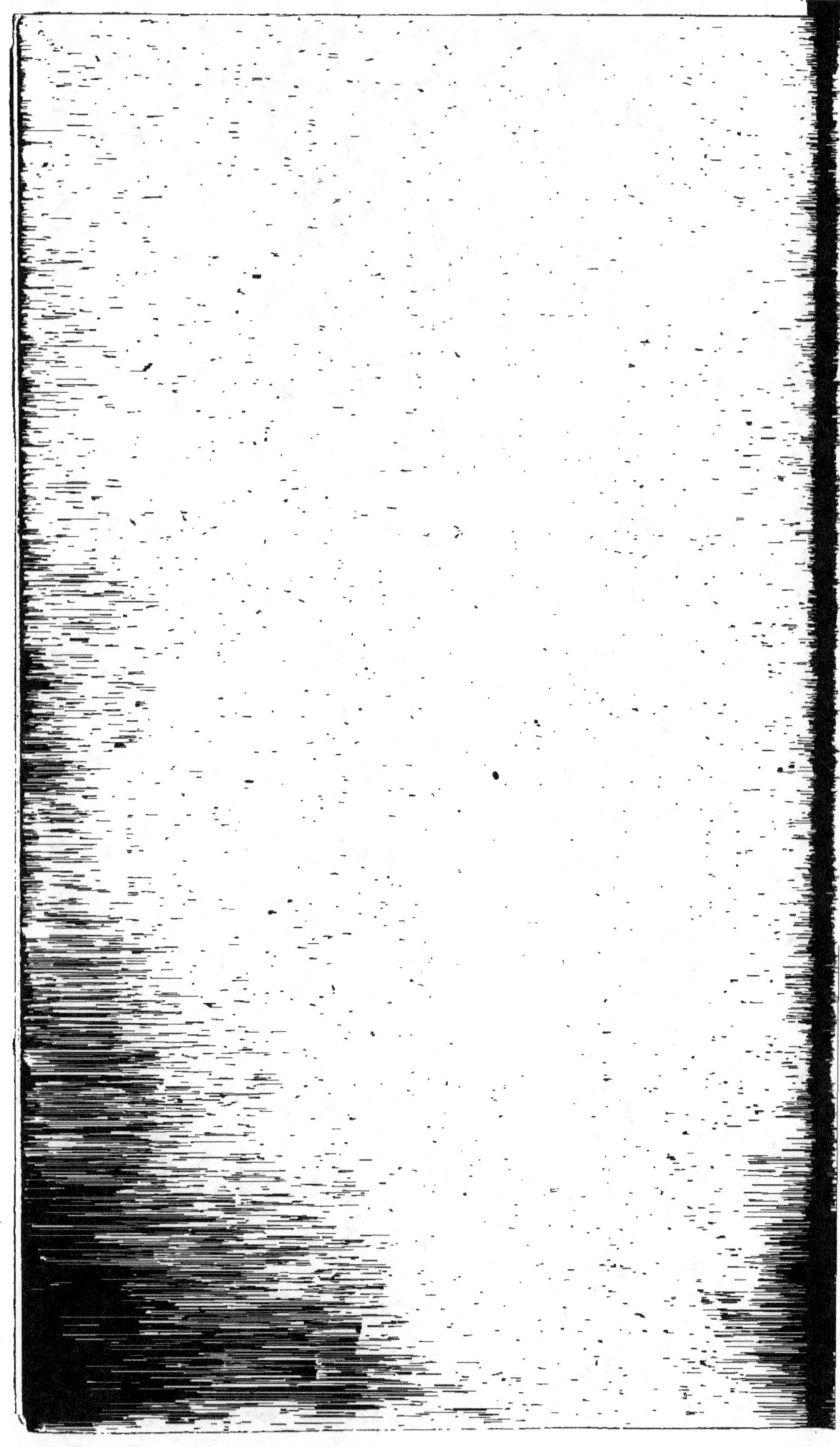

EXPOSITION

DE 1781

—

XXXI

COLLECTION

DES

LIVRETS

DES

ANCIENNES EXPOSITIONS

DEPUIS 1673 JUSQU'EN 1800

EXPOSITION DE 1781

PARIS

LIEPMANNSSOHN ET DUFOUR

ÉDITEURS

11, rue des Saints-Pères

MAI 1870

NOMBRE DU TIRAGE

DU LIVRET DE 1781.

375 exemplaires sur papier vergé.
 25   —   sur papier de Hollande.
 10   —   sur chine.

N° 

Ce livret est vendu seul 2 fr. 5o.

NOTICE BIBLIOGRAPHIQUE.

DEUX éditions : la première a 56 p., 310 Nᵒˢ et 2 p. d'arrêt et privilége. Sur la deuxième se trouve ajouté le supplément relatif à David. Elle a ainsi 58 p., 318 Nᵒˢ et 2 p. d'arrêt et de privilége. L'addition occupe toute la page 57 non paginée; le verso est resté en blanc.

CRITIQUES :

Mercure de France, numéro d'octobre.
Mémoires secrets du continuateur de Bachaumont. Trois lettres sur le Salon. T. XIX, p. 337-381.
Correspondance secrète : 1 et 25 septembre; 3 et 11 octobre 1781.
Journal de Paris, numéros du 25 aout, 7, 10, 19, 20, 22, 24, 26, 27, 29, 30 septembre et 5 octobre 1781. Il s'y trouve plusieurs articles sur le Voltaire drapé à la romaine de Houdon.

La critique du Salon eſt sous forme de réponse au *Pique-Nique*.

Annonces, affiches et avis divers, ou *Journal général de France ;* numéros des 12, 14, 17 et 20 septembre 1781.

Année Littéraire. T. VII, p. 217-245; T. VIII, p. 73-96.

Denis Diderot : Salon de 1781, publié pour la première fois, en 1857, dans la Revue de Paris (T. XL, p. 93).

(M. T.***). La Patte de velours, pour servir de suite à la seconde éd. du *Coup de Patte*, ouvrage concernant le Salon de peinture. Année 1781. A Londres, et se trouve à Paris, chez Cailleau. In-8°, 48 p. Dialogue en prose. Les *Mémoires secrets* attribuent cette critique à Carmontelle.

Panard au Salon.

> N'étant d'aucun parti, je parlerai sans fard.
> Au torrent des flatteurs, si ma plume résiste,
> C'est que l'on doit songer à l'art
> Avant de songer à l'artiste.

1781. A la Haye, et se trouve à Paris, chez Belin. In-8° de 30 p. (prix 12 sols. En prose entremêlée de couplets).

Galimatias anti-critique des Tableaux du Salon, ou la cause des meilleurs Peintres et Sculpteurs plaidée par un Avocat. A Neufchâtel et à Paris, 1781. In-8° de 39 p.

Pique-Nique convenable à ceux qui fréquentent le Sallon, préparé par un aveugle. 1781. In-8° de 28 pages.

(Le *Journal de Paris* répond surtout aux critiques de cette brochure qui commence par un dialogue).

(Lesuire). La Muette qui parle au Sallon de 1781. A Amsterdam, et se trouve à Paris, chez Quillau l'aîné. 1781. In-12 de 23 p.

(M. de L.). La Peinturomanie ou Cassandre au

Salon. Comédie parade en vaudevilles. A Rome, et se trouve à Paris, chez Le Jay. 1781. In-8° de 30 p.

(M. R***). Réflexions joyeuses d'un Garçon de bonne humeur sur les Tableaux exposés au Sallon en 1781.

Air du vaudeville de la Rosière.

Prenez, lisez, amusez-vous,
Partagez mon heureux délire.
Riez, chantez, rien n'est si doux;
La gaîté plait dans la satire,
Et quand on critique en chantant,
Autant en emporte le vent.

Prix 20 sols. A l'isle Sonnante et se trouve à Paris, chez la veuve Vatel. 1781. In-8°, 31 p., mêlé de couplets. (Cette critique était d'un ancien élève de l'Académie qui avait déjà publié en 1779 *Ah! ah! encore une critique du Sallon.*)

La Vérité, Critique des Tableaux exposés au Sallon du Louvre en 1781. A Florence, et se trouve à Paris, chez Esprit, 1781. In-8°, 31 p. Prix 16 sols. Avec une gravure à l'eau-forte représentant l'auteur tournant le dos, écrivant de la main gauche et assis sur une chaise qui se rompt.

Raffle de sept, ou Réponse aux Critiques du Sallon, 1781. A la Haye, et se trouve à Paris, chez Belin. In-8°, 23 p. (coûtait 12 sols d'après le *Journal de Paris*. L'Auteur répond aux sept brochures énumérées précédemment).

Le Pourquoi, ou l'Ami des Artistes. A Genève. 1781. in-8°, 35 p. (Cette brochure donne les initiales des auteurs de plusieurs critiques. L'auteur de celle-ci était sculpteur et donne des détails curieux sur l'Académie et plusieurs de ses membres.)

Lettre d'Arthiomphile à Madame Merard de St-Just sur l'Exposition au Louvre en 1781, des Tableaux, Sculptures, Gravures & Dessins des Artistes de l'Académie royale. (Extrait du Journal de Nancy.

MDCCXXXII. In-8°, 40 p.). Cette brochure ne fut tirée qu'à six exemplaires, tous sur papier vélin (voir la bibliographie des livrets de M. de Montaiglon).

Turpin. Tableau historique des quatre grands hommes exposés au Salon du Louvre par M. Turpin. Prix 1 liv. 4 sols. Chez Monory, libraire de S. A. S. Mgr. le Prince de Condé (voy. *Journal de Paris*, n° du 27 août. Cette critique avait donc paru dès l'ouverture du Salon).

Jugements sur nos peintres et nos sculpteurs. Philadelphie (Paris) 1781. In-8°.

Le Miracle de nos jours.

La Berleu des Connaisseurs, pamphlet sur le Salon de 1781.

Sur la peinture, avec une réplique à la réfutation insérée dans le Journal de Paris, N° 263, 20 septembre (sur une critique du Sallon de 1781). In-12, viij et 143 p. A la Haye. Paris, Hardouin, 1782.

Carré. Description en vers latins de différents tableaux exposés au Louvre en 1781. *Scholæ Gallicæ tabularum ad Luparam expositio.* 1781 (Recueil des pièces de l'Académie de l'Immaculée Conception à Rouen, p. 259).

Lagrenée : Son tableau représentant *l'Amour des Arts confolant la Peinture*, etc.... (V. N° 4 de ce livret) peut être considéré comme une pièce du débat qui s'agitait alors devant le public entre les critiques et les artistes.

EXPLICATION

DES PEINTURES,

SCULPTURES

ET GRAVURES,

DE MESSIEURS

DE L'ACADÉMIE ROYALE,

Dont l'Expofition a été ordonnée, fuivant l'intention de SA MAJESTÉ, par M. le Comte DE LA BILLAR-DRIE D'ANGIVILLER, *Confeiller du Roi en fes Confeils, Meftre-de-Camp de Cavalerie, Chevalier de l'Ordre Royal & Militaire de S. Louis, Commandeur de l'Ordre de S. Lazare, Intendant du Jardin du Roi, Directeur & Ordonnateur-Général des Bâtimens de Sa Majefté, Jardins, Arts, Académies & Manufactures Royales; de l'Académie Royale des Sciences.*

A PARIS, *rue S. Jacques,*

De l'Imprimerie de la Veuve HERISSANT, Imprimeur du ROI, des Cabinet, Maifon & Bâtimens de SA MAJESTÉ, de l'Académie Royale de Peinture, &c.

M. DCC. LXXXI.

AVEC PRIVILÉGE DU ROI.

AVERTISSEMENT.

Chaque Morceau eſt marqué d'un Numéro répondant à celui qui eſt dans le Livre. Pour en faciliter la recherche, on a interrompu l'ordre des grades de Meſſieurs de l'Académie, & les Ouvrages ſont rangés ſous les diviſions générales de Peintures, Sculptures & Gravures : ainſi, pour trouver le Numéro marqué ſur un Tableau, le Lecteur verra au haut des pages Peintures, & ne cherchera que dans cette partie. Il en ſera de même des autres.

EXPLICATION

Des PEINTURES, SCULPTURES, & autres Ouvrages de Meſſieurs de l'Académie Royale, qui ſont expoſés dans le Sallon du Louvre.

PEINTURES.

OFFICIERS.

RECTEURS.

Par M. *Vien*, Chevalier de l'Ordre du Roi, Directeur de l'Académie de France à Rome, Recteur.

N° 1. Briséis emmenée de la tente d'Achille.

Agamemnon, irrité contre Achille, envoie demander Briséis, qui eſt emmenée au milieu de ſes femmes, malgré le déſeſpoir de ce Héros. *Iliade d'Homere.*

Ce Tableau, de 13 pieds de large ſur 10 de haut, eſt pour le Roi.

ADJOINTS A RECTEUR.

Par M. *de la Grenée*, l'aîné, Adjoint à Recteur.

2. Préparatifs du combat de Paris & de Ménélas.

Paris ayant proposé un combat singulier contre Ménélas, Priam & Agamemnon se réunissent, &, par des sacrifices & des sermens, jurent à l'Autel de Jupiter d'être fidèles à remplir les conditions du Traité, par lequel Hélène & toutes ses richesses appartiendront au Vainqueur.

Ce Tableau, de 10 pieds quarrés, est pour le Roi.

3. Marcellus ayant été reconnoître les lieux, avec un détachement, est repoussé par Annibal, & tué dans le combat; Annibal, ayant trouvé le corps de Marcellus parmi les morts, après avoir pris son anneau, lui fait donner la sépulture.

4. L'Amour des Arts console la Peinture des écrits ridicules & envenimés de ses ennemis.

5. Laïs, célèbre par sa beauté & ses galanteries, dans la Ville de Corinthe, reçoit un billet accompagné d'un riche présent.

6. Alcibiade aux genoux de sa Maîtresse; elle le traite avec mépris, parce qu'ayant eu dix Guerriers à combattre, il n'avoit triomphé que de neuf & avoit été vaincu par le dixième.

Ces Tableaux appartiennent à M. le Marquis de Poyanne.

7. Visitation de la Vierge.

Ce Tableau est tiré du Cabinet de M. le Marquis de Sérant, Gouverneur de Monseigneur le Duc d'Angoulême.

8. Hercule & Omphale.

Ce Tableau appartient à M. Clos, Lieutenant-Général de la Prévôté de l'Hôtel.

9. Sainte-Famille.

10. Sara, femme d'Abraham, n'ayant point d'enfans, préfente à ce Patriarche fa fervante Agar.

11. Combat de l'Amour & de la Chafteté.

Appartenant à M. le Marquis de Verie.

12. Plufieurs Tableaux fous le même numéro.

PROFESSEURS.

Par M. *Vanloo*, Peintre du Roi de Pruffe, Profeffeur.

13. Magdelène Pénitente, aux pieds de Jesus, chez Simon le Pharifien.

14. Le Juif Pharifien, de la Cour d'Hérode, demandant à Jefus, pour le furprendre, *eft-on obligé de payer le tribut à Céfar?*

Ces Tableaux, de forme ovale, ont 7 pieds 3 pouces de haut fur 4 & demi de large, & font deftinés à décorer la Chapelle de Fontainebleau.

15. Sainte-Famille.

De 5 pieds 7 pouces de haut fur 4 pieds 2 pouces de large.

16. Promeffe de fidélité.

17. L'Amante abandonnée.

Ces deux pendans ont 4 pieds 1 pouce de haut fur 3 pieds 4 pouces de large.

18. Les Amants unis par l'Hymen & couronnés par l'Amour.

Tableau paſtoral de 5 pieds 1 pouce de haut ſur 3 pieds 7 pouces.

Par M. *Doyen*, Profeſſeur, Premier Peintre
de MONSIEUR & de Mgr le COMTE
D'ARTOIS.

19. Mars vaincu par Minerve.

Mars, combattant avec acharnement contre l'armée des Grecs, en avoit détruit la plus brillante Jeuneſſe, & ſurtout parmi les Étoliens; Minerve indignée obtint de Jupiter la permiſſion de s'oppoſer à ſa fureur, & de le combattre. Elle rencontre Diomède, monte ſur ſon char, pouſſe les courſiers droit à Mars, qui dépouilloit les victimes de ſa rage; dès que ce Dieu apperçoit Diomède, il lui lance un javelot, Minerve en détourne le coup, & en même temps conduit le trait parti des mains de Diomède : dirigé par la Déeſſe, il va frapper, au défaut des côtes, le redoutable Adverſaire du Héros Grec. Le Dieu tombe, arrache le fer de ſon flanc, & jettant un cri épouvantable qui répand la terreur dans l'armée, il s'élance vers l'Olimpe dans un tourbillon de pouſſière.

Iliade, ch. 5.

Ce Tableau a 13 pieds de large ſur 10 de haut.

Par M. *Lépicié*, Profeſſeur.

20. Piété de Fabius Dorſo.

Pendant le ſiége du Capitole par les Gaulois,

Fabius Dorfo, pour ne pas manquer à un Sacrifice inftitué par fa Famille, fortit de cette Forterefle, emportant les chofes néceffaires à la cérémonie, & paffa ainfi au milieu du camp des ennemis, pour aller au Mont-Quirinal; là, il facrifia, & retourna au Capitole, après avoir infpiré le refpeſt & l'admiration aux Romains & aux Gaulois.

Le retour au Capitole, eſt le moment du Tableau.

Ce Tableau, de 10 pieds quarrés, eſt pour le Roi.

21. Réfurreſtion.

Ce Tableau ceintré, de 13 pieds de haut fur 8 pieds 10 pouces de large, doit être placé dans le fond du Chœur de la Cathédrale de Châlon-fur-Saone.

22. Départ d'un Braconnier.

De 2 pieds & demi de haut, fur 2 pieds de large.

23. Un Vieillard lifant.

Tableau fur bois, de 10 pouces de large, fur 13 pouces de haut.

24. Le Jeu de la Foffette.

25. Le Jeu de Carte.

Ces deux pendans fur bois, ont 8 pouces de large fur 10 de haut.

Par M. *Brenet*, Profeffeur.

26. Combat des Grecs & des Troyens, fur le corps de Patrocle.

Pendant le combat des Grecs & des Troyens,

pour la poſſeſſion du corps de Patrocle, Achille, couvert de l'égide de Pallas, ſe montre déſarmé ſur le bord du camp des Grecs; ſa préſence & ſa voix effraient les Troyens qui prennent la fuite. *Tiré du* 18e *Liv. de l'Iliade.*

Ce Tableau, de 13 pieds de long, ſur 10 de haut, eſt pour le Roi.

27. Adoption d'Œdipe par la Reine de Corinthe.

Phorbas, Berger de Polibe, Roi de Corinthe, ayant détaché le jeune Œdipe d'un arbre, auquel il avoit été ſuſpendu par les talons, l'emporta & le préſenta à la Reine, qui, attendrie ſur ſon ſort, & n'ayant point d'enfans, l'adopta pour ſon fils.

Ce Tableau, de 2 pieds 6 pouces de large, ſur 2 de haut, eſt tiré du Cabinet de M.**.

28. Remus & Romulus.

Fauſtule ayant trouvé Remus & Romulus allaités par une louve, les prend dans ſon manteau, & les porte à ſa femme Larentia.

Ce Tableau a 2 pieds 6 pouces de haut, ſur 2 pieds de large.

29. Jeune Fille habillée à l'Eſpagnole, prenant des fleurs dans un vaſe.

Tableau ſur bois, de 2 pieds de haut, ſur un pied 4 pouces de large.

Par M. *de la Grenée* le jeune, Profeſſeur.

30. Baptême de Jeſus-Chriſt, par Saint-Jean.
31. Noces de Cana.

Ces deux Tableaux ovales, pour la Chapelle de

Fontainebleau, ont 7 pieds de haut, fur 4 & demi
de large.

32. Martyr de Saint-Etienne.

33. Converfion de Saint-Paul.

Ces deux Tableaux, de 12 pieds de haut, fur 8
de large, font pour la Chartreufe de Montmerle.

34. Les fils de Tarquin, admirant la vertu de Lucrèce.

Ces Princes étant à table avec Collatin, Mari de
Lucrèce, & fe difputant fur le mérite de leurs
femmes, chacun vouloit que l'on préférât la fienne
à celles des autres. Collatin, qui en effet étoit le
mieux partagé, propofa de monter à cheval, &
d'aller les furprendre, (ils étoient alors occupés au
fiége d'Ardée à 20 milles de Rome,) *nous donne-
rons*, dit-il, *la palme à celle que nous trouverons
occupée à l'ouvrage le plus digne de fon fexe;* on
accepte la partie, ils vont droit à Rome, où ils
furprirent les Princeffes, femmes des Tarquin, à
table avec une nombreufe compagnie, de là ils
allerent à Collatie, où ils trouverent Lucrèce au
milieu de fes femmes, occupée à des ouvrages de
laine & de broderie; ils ne balancerent pas à lui
donner la préférence, & la palme lui fut unani-
mement adjugée.

Ce Tableau a 6 pieds de large, fur 4 de haut.

35. Moyfe fauvé des eaux.

36. Uliffe fecouru par Nauficaa.

Uliffe échappé nud d'une horrible tempête, vint
fe jetter couvert de quelques branches d'arbres
aux pieds de Nauficaa, fille du Roi des Phéaciens,
qui étoit venue fur les bords du fleuve, pour laver
fes vêtemens, elle lui fit donner des habits, le

mena au Palais de fon pere, & lui procura les moyens de retourner dans fa Patrie.

Ces dèux pendans ont 13 pouces de large, fur 9 de haut.

37. David infultant à Goliath, après l'avoir vaincu.

De 6 pieds de haut, fur 4 de large.

38. Annonciation.

Tableau pour le maître Autel de l'Eglife de Conches en Brie, de 5 pieds de haut, fur 3 pieds & demi de large.

39. Mercure, repréfentant le Commerce, répand, fous les aufpices de Louis XVI, l'abondance fur le Royaume; deux branches, d'olivier et de laurier, placées près du Bufte du Roi, marquent qu'il fait également fleurir le Commerce, pendant la paix & pendant la guerre; dans le lointain, on apperçoit des Vaiffeaux Marchands efcortés par un Vaiffeau de guerre.

Ce Tableau, de 5 pieds 4 pouces de haut, fur 3 pieds 8 pouces de large, eft deftiné pour la Salle d'Affemblée du Corps des Drapiers-Merciers.

40. Adoration des Rois.

41. Saint Bernard.

Ces deux morceaux ont été exécutés en grand pour l'Abbaye de Vauclair.

42. Saint Jean.

Ce morceau eft collé fur verre du côté de la Peinture, il a 8 pouces & demi de haut, fur 7 de large.

Deffins.

43. Quatre Payfages d'après nature, au biftre rehauffé de blanc.

2 pieds de long, fur 18 pouces de haut.

44. Calipfo, s'appercevant de la douleur de Télémaque au récit des avantures d'Uliffe, fon pere, ordonne aux Nymphes d'interrompre leurs chants.

2 pieds 8 pouces de long, fur 1 pied 9 pouces de haut.

45. Efquiffes des quatre angles peints dans l'Eglife du Couvent de la feûe Reine, à Verfailles. Ce font les quatre Peres de l'Eglife.

46. Efquiffes du plafond & des quatre deffus de portes du Sallon de M. de Saint-James.

47. Plufieurs Deffins, fous le même numéro.

ADJOINTS A PROFESSEUR.

Par M. *Taraval*, Adjoint à Profeffeur.

48. La Sibille de Cumes prédit à Augufte la naiffance de Jésus-Chrift, & lui montre une Vierge & un Enfant dans le Ciel.

49. Nativité.

Ces deux Tableaux, de forme ovale, font deftinés à décorer la Chapelle de Fontainebleau, & portent 7 pieds 4 pouces de haut, fur 4 pieds 6 pouces de large.

50. Triomphe d'Amphitrite.

4 pieds de haut, fur 3 de large.

51. Diane au bain, furprife par Actéon.

Même grandeur que le précédent.

52. Télémaque dans l'Ifle de Calipfo.

2 pieds 6 pouces fur 3 pieds 2 pouces.

53. Efquiffes d'un Tableau projetté. Il repréfente l'évé-

nement arrivé à Stockolm, le 19 Août 1772. Ce fujet eſt pris de la relation imprimée, où il eſt dit, *on n'entendoit que des acclamations & des cris réitérés de vive le Roi, ils retentiſſoient partout où Sa Majeſté Suédoiſe ſe préſentoit. Les Vieillards béniſſoient hautement la Providence de ce nouveau bienfait, les Femmes ſe précipitoient confuſément autour du cheval de ce Prince, baiſoient ſes bottes, & les faiſoient baiſer aux enfans qu'elles portoient dans leurs bras.*

Les Figures allégoriques introduites dans cette compoſition, ſont la Vigilance, la Prudence, la Clémence, la Force & la Fidélité.

CONSEILLERS.

Par M. *Vernet*, Conſeiller.

54. Quatre Tableaux de Marine.

De 4 pieds 6 pouces de large, ſur 5 pieds de haut, appartenant à M. Girardot de Marigny.

55. Pluſieurs Tableaux, ſous le même numéro.

Par M. *Roſlin*, Conſeiller, Chevalier de l'Ordre de Vaſa, & de l'Académie Royale de Stockolm.

56. Pluſieurs Portraits ſous le même numéro.

Par M. *Le Prince*, Conſeiller.

57. Joueurs de Boule.

Tableau de 21 pouces de large, fur 19 de haut, appartenant à M.**.

58. Plufieurs Tableaux fous le même numéro.

Par M. *de Machy*, Confeiller.

59. Vue du Port Saint-Paul.

60. Vue de Paris, prife fur le Pont-Neuf. On y découvre la Monnoie.

61. La Galerie du Louvre, & le Port Saint-Nicolas.

Ces deux Tableaux, de même grandeur, ont 2 pieds 4 pouces de large, fur 1 pied 5 pouces de haut.

62. Autre Vue de Paris, prife fur le Pont de l'Hôtel Dieu, dit le Pont au double.

De 2 pieds 8 pouces de large, fur 1 pied 9 pouces de haut.

63. Vue de la Colonnade du Louvre, avec les anciens Monumens de François Premier, & du Garde-Meuble du Roi, & dans le fond le Collège des Quatre-Nations.

Ces quatre Tableaux feront gravés en couleur, comme il a été annoncé dans la Soufcription propofée des Vues de Paris, par l'Auteur.

64. Autre Vue, prife au bas du jardin de Monfieur l'Archevêque, au Terrain. On y apperçoit le Pont Rouge, le Port au Bled, & partie de l'Ifle Saint-Louis.

Tableau de 2 pieds 4 pouces de large, fur 1 pied 5 pouces de haut.

65. Vue intérieure du Dôme des Invalides, prife de la porte des Champs.

De 3 pieds de haut, fur 2 pieds 5 pouces de large.

66. Vue de la nouvelle Ecole de Chirurgie.

De 1 pied 8 pouces de large, fur 1 pied 2 pouces de haut.

67. Deux Tableaux pendans, dont l'un repréfente l'ancien Portique du Louvre, qui exiftoit avant le nouveau Veftibule du côté du Quai, & l'autre les anciennes Cuifines du Palais Royal.

Ils ont 1 pied 3 pouces de haut, fur 1 pied de large.

68. Veftiges de l'ancien Hôtel de Condé.

1 pied 1 pouce de large, fur 11 pouces de haut.

69. Première Gravure en couleur, c'eft une Vue prife du Pont-Royal; on y découvre la Galerie du Louvre, le Pont-Neuf & le Pont-au-Change.

Elle eft exécutée fous la conduite de l'Auteur, ainfi que le feront toutes celles qui la fuivront, & qui formeront la Collection propofée au Public par foufcription.

70. L'ancienne entrée de la Conciergerie du Palais, avec plufieurs veftiges après l'incendie.

71. Anciens débris de la Foire Saint-Germain, avec une partie du Portail de Saint-Sulpice.

De 2 pieds & demi de long, fur 1 pied & demi de haut.

Par M. *Dupleffis*, Confeiller.

72. Le Portrait de Madame ***.

73. Le Portrait de Madame Hû.

74. Le Portrait de M. Thomas, de l'Académie Françoife.

75. Le Portrait de M. de Tavernery, Meftre-de-Camp
de Cavalerie, Sous-Lieutenant des Gardes-du-
Corps du Roi.

76. Le Portrait de l'Auteur, peint par lui-même.

77. Plufieurs Portraits fous le même numéro.

Par M. *Renou*, Adjoint à Secrétaire.

78. Caftor, ou l'Etoile du matin.

Ce Plafond ovale, de 12 pieds 8 pouces de large,
fur 8 pieds 8 pouces de haut, a été ordonné à
l'Auteur, pour fon morceau de réception. Il eft
deftiné à décorer la Galerie d'Apollon.

79. La Samaritaine.

80. La Femme adultere.

Ces deux tableaux, de forme ovale, & de 7 pieds
4 pouces de haut, fur 4 pieds 6 pouces de large,
font pour la Chapelle de Fontainebleau.

ACADÉMICIENS.

Par M. *Valade*, Académicien.

Portraits en Paftel.

81. De M. Raulin, Confeiller, Médecin ordinaire du
Roi.

82. De M. Cadet, Chirurgien de l'Ecole Royale de
Saint-Côme.

83. De Mlle Barbereux.

Par M. *Juliart*, Académicien.

84. Trois Païsages, dans l'un desquels on voit une Fête de Village.

Par M. *Casanova*, Académicien.

85. Un clair de Lune : on y voit, sur le devant du Tableau, une Femme qui vend des canards à des Paffagers, & qui tient à la main un flambeau dont tout le grouppe est éclairé.

86. Un Soleil levant, des Païfans femblent s'entretenir contre une fontaine.

    Ces deux Tableaux ont 9 pieds 4 pouces de haut, fur 9 de large.

87. Un Cavalier habillé à l'ancienne mode.

    4 pieds de haut, fur 3 pieds & demi de large.

88. Un Berger Italien, dormant au pied d'une Ruine.

    2 pieds 8 pouces de haut, fur 2 pieds de large.

89. Tableau d'Animaux.

    2 pieds de large, fur 1 pied & demi de haut.

90. Un Païfage orné de Figures & d'Animaux.

    4 pieds de large, fur 2 pieds 6 pouces de haut.

91. Une dépouille de mort, après un combat.

    14 pouces de large, fur 11 de haut.

92. Deux Païfages, avec Figures & Animaux.

    2 pieds 4 pouces de large, fur 1 pied 3 pouces de haut.

Par M. *Guerin*, Académicien.

93. Plufieurs Tableaux, fous le même numéro.

Par M. *Robert*, Académicien.

94. Deux Tableaux, l'un repréfentant l'incendie de l'Opéra, vu d'une croifée de l'Académie de Peinture, Place du Louvre, & l'autre l'intérieur de la Salle, le lendemain de l'incendie.

Ces morceaux, de 6 pieds de large, fur 4 pieds & demi de haut, appartiennent à M. Girardot de Marigny.

95. Deux Tableaux, l'un une partie des ruines du Colifée de Rome, l'autre une Fontaine antique, avec un vafte Païfage dans le fond.

Ils ont 6 pieds de large, fur 4 pieds & demi de haut.

96. Deux Tableaux, l'un un lavoir au milieu d'un Jardin, & l'autre un Cafin Italien.

De 3 pieds de haut, fur 2 pieds & demi de large.

97. Neuf Deffins coloriés des plus célèbres Monumens d'Architecture & de Sculpture de l'ancienne Rome.

De 36 pouces de haut, fur 24 pouces de large; cette fuite appartient à M. le Chevalier de Coigny.

Par M. *Huet*, Académicien.

98. Portrait d'une Dame & fon Fils.

De 5 pieds fur 4.

99. Un Païfage, orné de Figures & d'Animaux.

Tableau à gouache, de 4 pieds, fur 2 pieds & demi, appartenant à M. Lallier, Ingénieur en chef à Lyon.

100. Plufieurs Gouaches & Deffins, fous le même
numéro.

Par M. *Pafquier*, Académicien.

101. Portrait du Roi.

102. L'Amour.

D'aprés le Corrège.

Ces Tableaux font peints en émail.

103. Plufieurs Portraits ou Têtes d'Etude fous le
même numéro.

Par Mᵐᵉ *Vallayer-Cofler*, Académicienne.

104. Le Portrait de Madame Sophie de France, dans
l'intérieur de fon Cabinet, tenant le Plan de l'Abbaye de l'Argentiere.

De 6 pieds de haut, fur 5 pieds 10 pouces de
large.

105. Trois petits Tableaux ovales, de fleurs & de
fruits.

106. Une Corbeille de raifins.

107. Portraits de Madame **, arrangeant des fleurs
dans un vafe.

De 3 pieds 2 pouces de haut, fur 5 pieds 10
pouces de large.

Par M. *Beaufort*, Académicien.

108. Mort de Bayard.

Le Chevalier Bayard, de l'ancienne Famille des
du Terrail, en Bourgogne, fut bleffé mortellement

au combat de Rebec, près Milan; l'inftant du Tableau eft celui où le Marquis de Pefcaire le rencontre mourant fous un chêne; appercevant le
Chevalier dans ce fâcheux état, Pefcaire fait arrêter
fes troupes, & pénétré de refpect pour ce grand
Homme, defcend de cheval, & lui offre tous les
foins qui dépendent de lui. Il ne voulut point
l'abandonner jufqu'au dernier moment. Bayard eft
mort à 48 ans, en 1524.

Ce Tableau, de 10 pieds quarrés, eft pour le
Roi.

Par M. *de Wailly*, Académicien, & de l'Académie
Royale d'Architecture.

109. Deffins du nouveau Port de Vendre en Rouf-
fillon.

110. La Vue perfpective de l'intérieur & de l'extérieur
du Port, d'où l'on découvre presque toute la
Province.

111. Deux Vues de l'Obélifque élevée à la gloire de
Louis XVI, dans la principale Place du Port.

112. Le Plan de ce Port & la Carte des côtes de la
Méditerranée, où il eft fitué.

113. Le Modèle de l'Obélifque.

114. Le Modèle & le Deffin de la coupe d'un Efcalier
à double rampe, tournant fur fon noyau, que
l'on ouvre & ferme facilement, par le moyen des
contrepoids, les marches étant en équilibre fur
leur axe.

Cet Efcalier doit être exécuté au centre d'un
Pavillon, pour monter au Temple d'Apollon, au

milieu du Bofquet du Parnaffe, dans le Parc d'En-
ghien, appartenant à Son A. S. Monfeigneur le
Duc d'Aremberg.

115. Vue du Château de Praflin, du côté des Jardins.

116. Une décoration du Temple des Euménides.

117. Deux Deffins perfpectifs du nouveau Théâtre
François, l'un du côté de la principale entrée, &
l'autre de l'intérieur.

118. Un projet de Chaire à prêcher, pour Saint-
Sulpice.

Par M. *Jollain*, Académicien.

119. Jefus préfenté au Temple.

120. Jefus au milieu des Docteurs.

Ces Tableaux de forme ovale, & de 7 pieds &
demi de haut, fur 4 pieds & demi de large, font
pour la Chapelle de Fontainebleau.

121. L'Humanité voulant arrêter la fureur du Démon
de la guerre; dans le fond du Tableau, on voit une
Ville embrafée, le Commerce éperdu, & fur le devant une Charrue brifée, & les attributs des Arts
abandonnés.

Tableau de 6 pieds de haut, fur 5 de large.

122. Agar préfentée à Abraham, par Sara.

123. Agar & fon Fils dans le défert, mourant de foif,
& confolée par l'Ange, qui lui indique une fource.

Ces deux Tableaux ont 20 pouces fur 17.

124. Le Réveil d'Endimion.

Même grandeur que le précédent.

125. Une petite Fille avec fon chat.

17 pouces fur 14.

126. Plusieurs petits Tableaux sous le même numéro.

Par M. *Pérignon*, Académicien.

Gouaches.

127. Vue du Temple de la Sibille à Tivoli, prise au-deſſus de la Caſcade.

Tableau d'un pied 10 pouces de haut, ſur 2 pieds 6 pouces de large.

128. Deux Vues, l'une du Temple de *Minerva medica*, l'autre du Temple de Veſta.

1 pied de haut, ſur 1 pied 6 pouces de large.

129. Quatre Deſſins coloriés.

130. Vue du Coliſée.

131. Vue priſe ſur la côte du Pauſilipe, où l'on voit dans le fond la Ville de Naples, le Château de l'Œuf, & le Véſuve.

132. Vue du Véſuve, priſe du Pauſilipe.

133. L'Arc de Septime Sévere au pied du Capitole.

Par feû M. *Aubry*, Académicien.

134. Les Adieux de Coriolan à ſa Femme au moment qu'il part pour ſe rendre chez les Volſques.

Par M. *Weyler*, Académicien.

Emaux.

135. Guſtave Adolphe.

136. Turenne.

137. Crillon.

138. Catinat.

139. Le Marquis Joad Mogal.
140. Le Prince de Luxembourg.
141. Madame la Vicomteffe de Parral.
142. Différentes Têtes.
143. Plufieurs Portraits en Miniature.

Par M. *Suvée*, Académicien.

144. Tableau allégorique, fur la liberté accordée aux Arts, par Edit du mois de Mars 1777. Il a été ordonné, par l'Académie, pour la réception de l'Auteur. L'Etude délivrée des entraves dont elle étoit accablée, médite de plus grands efforts; la Peinture lui montre l'Edit, qui conftate cette heureufe révolution, & que la Renommée publie dans les airs. La Sculpture preffe contre fon fein le Portrait du Roi; l'Architecture montre à une foule de jeunes Elèves la route du Temple de Mémoire; l'encens fume fur l'Autel de la Liberté; l'amour des Arts jonche de fleurs le chemin qui conduit à l'Immortalité.

Tableau de 7 pieds de haut, fur 6 de large.

145. Emilie, la plus ancienne des Veftales, ayant confié le foin du Feu Sacré à une des plus jeunes, qui le laiffa éteindre, toute la Ville fut dans la confternation; on crut qu'une Veftale impure avoit approché du Foyer Sacré. Emilie, fur qui tomboit le foupçon, s'avance vers l'Autel en préfence des Veftales, des Pontifes & du Peuple, prend le Ciel & la Déeffe à témoin de fon innocence, en jetant fon voile fur les cendres froides, & auffitôt les flammes renaiffent.

Ce Tableau, de 13 pieds de large, fur 10 de haut, eſt pour le Roi.

146. Viſitation de la Sainte Vierge.

Ce Tableau, deſtiné pour l'Egliſe nouvelle des Dames de la Viſitation de la rue Saint-Jacques, a 12 pieds de haut, fur 6 pieds de large.

Par M. *Callet*, Académicien.

147. Le Printemps.

Zéphir & Flore accourent pour couronner de fleurs Cybelle, repréſentant la Terre, les vents doux renaiſſent, les Amours reprennent leur activité, & les Habitans de la Terre, par leurs danſes & leurs jeux, célèbrent le retour du Printemps.

Ce Plafond eſt un de ceux deſtinés à décorer la Galerie d'Apollon, & a été ordonné à l'Auteur pour ſa réception; il a 19 pieds de long, fur 10 pieds de haut.

148. Hercule fur le bûcher, déchirant la chemiſe de Neſſus. *Etude.*

2 pieds & demi de large, fur 2 pieds de haut.

149. Deux Cariatides, homme et femme. *Etude.*

2 pieds 2 pouces de haut, fur 1 pied de large.

150. Le Portrait de M. le Comte de Vergennes, Miniſtre des Affaires Etrangeres.

De 5 pieds de haut, fur 4 pieds de large.

Par M. *Ménageot*, Académicien.

151. Léonard de Vincy, mourant dans les bras de François Premier.

Léonard de Vincy, Peintre Florentin, né en 1455, que l'on peut regarder comme l'homme le plus univerfel de fon fiécle, tant par fes profondes connoiffances que par fes talens agréables, fut appellé à la Cour de François Premier; ce Prince le logea dans fon Château à Fontainebleau, il l'aimoit tant, que Léonard étant tombé malade, il alloit le vifiter fouvent; un jour comme le Roi entroit chez lui, Léonard de Vincy, voulant fe foulever pour lui témoigner fa reconnoiffance, tomba en foibleffe, le Roi voulut le foutenir, & cet Artifte expira dans fes bras.

Ce Tableau, de 10 pieds quarrés, eft pour le Roi.

152. L'Etude qui veut arrêter le Temps.

Ce Tableau, de 7 pieds de haut, fur 6 de large, eft le morceau de réception de l'Auteur.

Par M. *Berthellemy*, Académicien.

153. Apollon, après avoir lavé le fang dont Sarpédon étoit tout défiguré & l'avoir parfumé d'ambroifie, ordonne au Sommeil & à la Mort de le porter promptement èn Lycie, où fa Famille & fes Amis lui firent de magnifiques Funérailles.

Ce Tableau de 6 pieds de large, fur 7 de haut, eft le morceau de réception de l'Auteur.

Par M. *Van-Spaendonck*, Académicien.

154. Tableau repréfentant un vafe fculpté en bas-reliefs, & rempli de Fleurs & de Fruits, fe détachant fur un fonds d'Architecture.

De 3 pieds 2 pouces de haut, fur 2 pieds 7 pouces de large:

155. Quatre Deffins, peints à gouache & à l'aquarelle de Fleurs & de Fruits.

156. Un Tableau repréfentant un Vafe de marbre, rempli de Fleurs, & dans le bas un grouppe de Fleurs & de Fruits.

De 2 pieds & demi de haut, fur 2 pieds de large. C'eft le morceau de réception de l'Auteur.

AGRÉÉS.

Par M. *Parrocel*, Agréé.

157. Pêche Miraculeufe.

Efquiffe de 2 pieds de large, fur 21 pouces de haut. Le Tableau de 22 pieds de large, fur 8 pieds de haut, vient d'être exécuté pour le Réfectoire des Bénédictins de la Couture au Mans.

Par M. *Monnet*, Agréé.

158. Venus fortant du Bain.

Tableau ovale, de 2 pieds & demi de haut, fur 1 pied 11 pouces de large.

159. Le Portrait de Madame la Comteffe de N**.

160. Plufieurs Portraits, Deffins, Efquiffes fous le même numéro.

Par M. *Hall*, Agréé.

161. Le Portrait de S. A. S. Madame la Princeffe de Lamballe.

162. M. le Comte de Lally-Tolendal.
163. La Famille de M. le Comte de Schouwaloff.
164. Plufieurs Portraits, fous le même numéro.

———

Par M. *Martin*, Agréé.

165. Sacrifice d'Iphigénie.

Efquiffe terminée de 4 pieds de haut, fur 5 de large. Elle doit être exécutée en grand.

166. Portraits de Femme en pied.

De 30 pouces de haut, fur 24 de large.

———

Par M. *Robin*, Agréé.

167. Transfiguration.

Tableau ovale d'environ 7 pieds & demi, fur 4 pieds & demi de large, pour la Chapelle de Fontainebleau.

168. Deux Buftes, exécutés à Frefque, dans la nouvelle Chapelle de l'Abbaye de Saint-Victor.

———

Par M. *Wille*, le Fils, Agréé.

169. La double récompenfe du mérite.

Tableau de 5 pieds de haut, fur 4 de large.

———

Par M. *Hoüel*, Agréé.

Tableaux à l'huile.

170. Vue du Volcan Stromboly.
171. Vue du Cratere de la bouche du Mont-Etna.

Tableaux à Gouache.

172. Vue de la Tour du Philofophe, & du Sommet de l'Etna.

173. Grotte des Chevres, dans la région Selvofa, du Mont Etna.

174. Le Mont rouge au midi de l'Etna, formé par une irruption qui commença le 9 Mars, & dura jufqu'à la fin de Mai de l'année 1669.

175. Le Châtaignier de 100 chevaux, fitué dans la région Selvofa, à l'Orient de l'Etna.

176. Les Femmes nobles des Colonies Grecques, Albanoifes, habitantes de *Palazzo-Adriano* en Sicile.

177. Femmes du Peuple des mêmes Colonies.

178. Entrée de la Ville de Palerme, à la *Porta-Félicé*, où fe voit le Char de Sainte-Rofalie.

179. Vue de la Place appellée *Porta d'Iaci* à Catania, où paffe la Proceffion de Sainte-Agathe.

180. Vue générale des Ecueils des Cyclopes, à la Trizza près d'Iaci.

181. Vue en grand du premier des Ecueils des Cyclopes.

182. Second Ecueil.

183. Troifieme Ecueil.

Deffins au biftre.

184. Deux Cadres fous le même numéro.

Le premier renfermant les Bas-reliefs des 4 faces du fameux Tombeau en marbre blanc d'Agrigente, qui fert de Fonds-Baptifmaux dans la Cathédrale de Girgenti; ces Bas-reliefs repréfentent l'Hiftoire de Phèdre & d'Hippolite.

185. Les deux Figures Antiques du Palais du Sénat, à Palerme.

186.
{ Le premier inftant de la Pêche du Thon.
La Pêche du Thon.
Plan & coupe du Piége, appellé Thonnare, avec lequel on prend le Thon.

Ces trois objets fous le même numéro.

187. La Carte Géographique de la Sicile.

188. Les Voyageurs Siciliens.

Ces fix derniers morceaux compofent la première livraifon du Voyage Pittorefque de la Sicile, propofée par Soufcription par l'Auteur.

189. Les Habitants d'*Alcamo*, & le plan du Temple de Segefte.

190. Vue extérieure & intérieure du Temple de Segefte.

191. Vue du Théâtre de cette même Ville.

192. Elévation Géométrale, & Plan du même Théâtre.

Ces fix morceaux forment la feconde livraifon du Voyage de la Sicile.

Par M. *Vincent*, Agréé.

193. Combat des Romains & des Sabins interrompu par les femmes Sabines.

Ce Tableau de 13 pieds de large, fur 10 de haut eft pour le Roi.

194. Saint Jean prêchant dans le défert.

De 5 pieds 6 pouces de haut, fur 3 pieds 9 pouces de large.

195. Le Portrait de M. l'Evêque de Saint-Diez.

Haut de 5 pieds, fur 4 de largeur.

Par M. *Bardin*, Agréé.

196. Adoration des Mages.

Tableau ovale de 7 pieds 3 pouces de haut, fur 4 pieds & demi de large, pour la Chapelle de Fontainebleau.

197. Le Sacrement de la Pénitence.

Efquiffe appartenant à Dom V**, Procureur-Général des Chartreux. Elle doit être exécutée en grand pour la Chartreufe de Vallebonne.

Par M. *de Corte*, Agréé,
Peintre de S. A. S. Mgr. le Prince de Condé.

198. Vue de Chantilly, prife du côté de la Peloufe, ayant à droite l'avenue de la Cour du Connétable, à gauche les Ecuries.

199. Vue de ce même Château, prife au-deffus du grand baffin du canal, on y voit à droite le Village de Chantilly.

Ces Tableaux appartiennent à S. A. S. Mgr. le Prince de Condé.

200. Vue du Château de Berni, près de Péronne; à gauche, on voit une partie du Village de ce nom.

Ce Tableau eft tiré du Cabinet de M. le Comte de Saint-Simon; il a 18 pouces de haut, fur 27 de large.

Par M. *le Barbier*, l'aîné, Agréé.

201. Le Siége de Beauvais.

Cette Ville fut affiégée par le Duc de Bourgogne en 1472. Elle dut fon falut au courage des Habitans, & particulièrement à la valeur d'une femme nommée *Jeanne Achette*, qui, à la tête d'une troupe de femmes comme elle, fe préfenta fur la muraille, & y enleva un drapeau de l'ennemi. Le fort de l'attaque fut du côté de la porte dite *Brûlée*, à caufe du feu horrible que l'on y alluma. Les bourgeois, aidés de leurs femmes, n'avoient d'autres armes que des fagots embrafés, de l'huile & de l'eau bouillantes, des pierres, &c... Le fite de ce Tableau eft pris fur les lieux même.

Il a 12 pieds de long, fur 9 pieds de haut.

202. Un Canadien & fa femme pleurant fur le tombeau de leur enfant. Les Canadiens aiment fi fort leurs enfans, que l'on a vu quelquefois deux époux, fix mois après la mort de leur enfant, aller pleurer fur fon tombeau, & la mere y faire couler du lait de fes mammelles.

Tableau de 2 pieds & demi de haut, fur 2 de large.

203. Crillon, arrêté à Tours par fes bleffures, y reçoit la fameufe lettre de Henri IV, où il lui dit : *pends-toi, brave Crillon, nous avons combattu à Arc, & tu n'y étois pas.*

De même grandeur que le précédent.

204. Le Marquis d'Eftampes recevant un ordre de la part du Général, devant le Siége de Caffel, étant occupé à pointer une carte du Pays.

De même grandeur.

205. Un Enfant jouant avec des raifins.

206. Deffins pour la nouvelle Edition de Gefner.

207. Autre Deffin repréfentant Horatius Coclès réfiftant feul fur un pont à l'Armée Etrufque.

208. Trois Figures Académiques fous le même
     numéro.

Par M. *Hue*, Agréé.

209. Vue de Rouen, prife dans l'Ifle de la Croix, au
     Soleil couchant.

     30 pouces de large fur 20 de haut.

210. Ruines du Château de Dammartin.

     2 pieds de large, fur 18 pouces de haut.

211. Vue prife dans le bois de Satory, à Verfailles.

     18 pouces de large, fur 10 pouces de haut.

212. Vue prife dans la Forêt de Fontainebleau.

     De 4 pieds 2 pouces de large, fur 2 pieds 9
     pouces de haut.

213. Vue d'un petit Jardin.

     De 2 pieds de large, fur 18 pouces de haut.

214. Vue d'un Bois du côté de Dammartin.

     De 3 pieds 2 pouces de large, fur 2 pieds 2
     pouces de haut.

215. Vue des environs de Chaillot, au clair de la Lune.

     De 4 pieds 9 pouces de large, fur 2 pieds 10
     pouces de haut.

Par M. *d'Araynes*, Agréé.

216. Une Sainte Famille.

     Tableau de 11 pieds de haut, fur 7 de large.

Par M. *de Bucourt*, Agréé.

217. Le Gentilhomme bienfaifant.

Un Seigneur ouvre fa bourfe pour foulager une famille, dont le pere expire, dans l'inftant que l'on vient pour dettes enlever les meubles de la maifon.

Ce Tableau a 20 pouces de large, fur 17 de haut.

218. L'Inftruction Villageoife.

Tableau de 15 pouces de large, fur 12 de haut.

219. Le Juge de Village.

De même grandeur.

220. La Confultation redoutée.

De 13 pouces fur 11.

221. Plufieurs petits Tableaux, fous le même numéro.

Par M. *Sauvage*, Agréé.

222. Tableau repréfentant une Table garnie d'un tapis de Turquie, fur lequel eft placé une tête de marbre, un Vafe en bronze antique, &c.

De 3 pieds 7 pouces de haut, fur 2 pieds 9 pouces de large.

223. Bas-relief imitant la terre cuite, d'après François Flamand.

De 3 pieds 7 pouces de long, fur 18 pouces de haut.

224. Bas-relief imitant le bronze, en forme de frife, dont le fujet allégorique eft l'entrée de la Princefle de *Saxe-Tefchen*, & du Prince fon Epoux, à Bruxelles.

De 3 pieds 9 pouces de long, fur 16 de haut.

225. Bas-relief imitant le bronze, dont le ſujet eſt un
     Triomphe de Bacchus par des Enfans.
       De 4 pieds, ſur 19 pouces.
226. Bas-relief de marbre blanc, repréſentant l'enlè-
     vement d'Europe, d'après Saraſin.
       De 2 pieds 2 pouces de long, ſur 13 pouces de
     haut.

SCULPTURES.

OFFICIERS.

PROFESSEURS.

Par M. *Pajou,* Profeſſeur, Garde de la Salle des Antiques, & Membre de l'Académie des Inscriptions & Belles-Lettres, &c.

227. Blaiſe Paſcal.

Statue de 6 pieds de proportion, pour le Roi.

Paſcal paroît occupé de la Sicloyde tracée ſur une table qu'il tient de la main gauche; à ſes pieds, ſont des feuilles éparſes contenant ſes penſées; à droite, un livre ouvert où ſont les Lettres.

228. Le Buſte de M. Grétry, demandé à l'Artiſte par les Etats de Liége, Patrie de ce célèbre Muſicien; il doit être exécuté en marbre & placé ſur le Théâtre de la Ville.

229. Le Buſte de Mme de Bonard.

230. Le Buſte de Mme Sédaine.

231. Le Buſte de Dufreſny, en marbre, deſtiné à décorer le foyer de la Comédie Françoiſe.

232. Le Buſte de Mme le Comte.

Par M. *Caffiery*, Profeſſeur.

Buſtes.

233. Pocquelin de Moliere.

234. M. Meſmer

235. Mademoiſelle Luzy.

236. Mademoiſelle Dantier.

237. Un Bouquet en marbre.

238. Pluſieurs Portraits, ſous le même numéro.

Par M. *Bridan*, Profeſſeur.

239. Vulcain préſentant les armes qu'il a forgées.

Statue en marbre, pour le Roi, de 6 pieds de proportion.

ADJOINTS A PROFESSEUR.

Par M. *Mouchy*, Adjoint à Profeſſeur.

240. Le Duc de Montauzier, Gouverneur des Enfans de France, ſous Louis XIV.

Ce Modèle en plâtre, de 6 pieds de proportion, doit être exécuté en marbre de même grandeur, pour le Roi.

ACADÉMICIENS.

Par M. *Berruer*, Académicien.

241. La Force.

Modèle en plâtre, d'une Figure qui s'exécute en

grand pour le nouveau bâtiment du Palais, de la proportion de 8 pieds.

242. Modèle en plâtre, du couronnement de la principale Entrée de Saint-Barthélemi, repréſentant la Foi & la Charité, il doit être exécuté en grand.

243. Buſte en marbre, de Néricault Deſtouches, pour le foyer de la Comédie Françoiſe.

Par M. *Le Comte*, Académicien.

244. Deux Figures en Talc.

De 3 pieds 2 pouces de proportion. L'une repréſente la Juſtice & l'autre la Prudence, ces deux figures doivent être exécutées en pierre de Conflans d'environ 8 pieds de proportion, pour la nouvelle façade du Palais.

245. Le Modèle d'une Pendule en terre cuite.

De 18 pouces de haut.

La Figure de la Vérité, tient d'une main une légende & le portrait d'un pere chéri de ſes enfants; ſur la légende eſt écrit : l'*Heureux Pere;* les heures tournent autour de ſa tête, ſes trois enfans le fixent, un d'eux indique l'heure avec le doigt; le ſecond grave ſur le tipe qui ſoutient le portrait, *c'eſt toujours celle de l'aimer.* La petite fille lui préſente en offrande une guirlande de fleurs.

246. Le Portrait en médaillon de Son Eminence M. le Cardinal de la Rochefoucault, exécuté en marbre, pour M. l'Evêque de Conſerans.

247. Buſte en talc de Mme la Vicomteſſe**.

248. Bufte en terre cuite de M. Beaulieu.

249. Deux Têtes en terre cuite, l'une la Force & l'autre une Minerve.

250. Un groupe d'Enfans, repréfentant la **Géographie** & l'Aftronomie.

Efquiffe terminée.

Par M. *Houdon*, Académicien.

251. Le Maréchal de Tourville.

Statue en marbre de 6 pieds de proportion, pour le Roi.

Le Maréchal eft repréfenté à l'inftant où il fait voir au Confeil de Guerre la lettre du Roi, qui lui commande de donner le fignal d'ordre de bataille. Cette action fe paffa au mois de Mai 1692, fuivant les mémoires du Duc de Barvick. En voici l'extrait : Le rendez-vous de la Flotte étoit, au mois de Mai à la hauteur d'Oueffant, mais les vents contraires empêcherent le Comte d'Etrées, pendant fix femaines, de fortir de la Méditerranée avec les Vaiffeaux de Toulon; de maniere que le Roi, impatient d'exécuter fon projet, envoya ordre au Chevalier de Tourville, Amiral de la Flotte, d'entrer dans la Manche avec les Vaiffeaux de Breft, fans attendre l'Efcadre du Comte d'Etrées, & de combattre les ennemis forts ou foibles, s'il les trouvoient. Cet Amiral, le plus habile homme de Mer qu'il y eût en France, & peut-être même dans le monde entier, ne balança pas d'exécuter l'ordre qu'il avoit reçu.

252. Statue en marbre, de M. de Voltaire, qui devoit

être placée à l'Académie Françoife, mais deftinée depuis à décorer la nouvelle Salle de Comédie, rue de Condé.

Buftes en marbre.

253. M. le Duc-de Praflin.

254. M. Tronchin, Médecin.

255. Mademoifelle Odeoud.

Ce Bufte appartient à M. Girardot de Marigny.

Buftes en plâtre, couleur de terre cuite.

256. Mme la Princeffe d'Afchkoff.

257. Mme de Sérilly.

258. M. le Comte de Valbelle.

259. M. Qefnay, Médecin.

260. M. Gerbier, Avocat.

261. Paul Jones.

262. M. Paliffot.

263. Médaillon, bas-relief en plâtre, repréfentant la tête du Soleil.

264. Le Bufte d'une Négreffe en plâtre, imitant le bronze antique.

Par M. *Boizot*, fils, Académicien.

265. Le Bufte de la Reine, en marbre, exécuté pour le Département des Affaires Etrangères.

266. Baptême de Jefus-Chrift, par Saint-Jean.

Bas-relief en plâtre, de 5 pieds de haut, fur 2 pieds 6 pouces de large.

Il eft exécuté de la grandeur de 16 pieds de haut, fur 8 de large, en pierre de Tonnerre, dans la nouvelle Chapelle des fonds, à Saint-Sulpice.

267. Buftes en terre cuite, fous le même numéro.

Par M. *Julien*, Académicien.

268. Figure d'Erigone, en marbre.

De 2 pieds de proportion.

Elle appartient à M. de Duplaa, Préfident à Mortier du Parlement de Pau en Bearn.

269. Tête de Veftale, en marbre, de grandeur naturelle, appartenante à M.**, & plufieurs Efquiffes fous le même numéro.

Par M. *de Joux*, Académicien.

270. Le Maréchal de Catinat.

Figure de 6 pieds de proportion, elle doit être exécutée en marbre, pour le Roi.

L'Artifte a faifi le moment où le Maréchal de Catinat, étant aux plaines de Marfaille, & ayant examiné la pofition des ennemis, trace à la hâte fur le fable fon projet d'attaque, le communique à fes Officiers, & remporte après une victoire mémorable.

271. Une tête de jeune Faune, en marbre, de grandeur naturelle.

Par M. *Monnot*, Académicien.

272. Une Jardiniere, en marbre.

De deux pieds & demi de proportion.

273. Tête de l'Amour, c'eft l'étude de celle de l'Amour vainqueur de l'univers, tenant fous fes pieds la foudre & l'Aigle de Jupiter; cette figure entiere a été exécutée par l'Auteur.

274. La Solitude.

Modèle en terre de 13 pouces.

275. Deux Portraits en plâtre, de Mme ***.

276. Tête de Faune, faifant pendant à une tête de Bacchante.

277. Grouppe en terre cuite, repréfentant la Folie triomphante de la Raifon.

 1 pied de haut.

278. Efquiffe dont le fujet eft l'hommage rendu à la Terre par les quatre Saifons.

 Nota. Au 10 Septembre jufqu'à la fin du même mois, on verra dans l'attelier de M. Monnot, Cour du Louvre, deux figures en marbre de grandeur naturelle. C'eft le moment où Pfiché vient voir l'Amour.

 Ces Figures font deftinées à orner le lit de Son Alteffe Séréniffime M. le Prince de Deux-Ponts.

GRAVURES.

OFFICIERS.

CONSEILLERS.

Par M. *Le Bas*, Conseiller, Graveur du Cabinet du Roi.

279. Deux Cadres, sous le même numéro, contenant chacun 35 sujets de figures de l'Histoire de France, deffinés par M. Moreau, le jeune.

Nota. Il a paru 6 livraisons de 18 Estampes chacune de cet Ouvrage, proposé par soufcription, la septieme paroît actuellement.

280. Vue du Port du Havre, faisant la seizieme Estampe de la collection des Ports de France; cette vue est deffinée par M. Cochin & gravée en société par MM. Cochin & le Bas.

Elle a 28 pouces de large, sur 20 de haut.

281. Deux vues de l'Isle-Barbe, sur la riviere de Saone, au-deffus de Lyon, gravées d'après les Tableaux de M. Olivier, ancien Penfionnaire du Roi de Sardaigne.

Largeur 28 pouces, hauteur 20.

282. La belle Après-dînée, d'après un Tableau de Carle Dujardin, tiré du Cabinet de S. A. S. Mgr le Prince de Condé.

Cette Eſtampe de 13 pouces de haut, ſur 11 de large, fait pendant à la Fraîche-matinée.

283. Vue des environs d'Anvers.

284. Vue des Environs de Bruxelles.

Ces deux Eſtampes faiſant pendant, de 14 pouces de large, ſur 10 de haut, ſont gravées d'après Breugle de Velours, & dédiées à S. A. R. le Prince Charles de Lorraine.

285. Seconde Vue de Bruges, d'après le même Auteur, tiré du Cabinet de S. A. S. Mgr le Prince de Condé.

16 pouces de large, ſur 12 de haut.

Par M. *Cochin*, Conſeiller, Chevalier de l'Ordre du Roi & Secrétaire perpétuel de l'Académie de Peinture & Sculpture.

286. Un Deſſin repréſentant l'enlèvement des Sabines.

287. Autre Deſſin. Les Nimphes de Calipſo, mettent le feu au vaiſſeau bâti par Mentor.

288. Pluſieurs Deſſins dont les ſujets ſont tirés de l'Emile de J. J. Rouſſeau, deſtinés à l'édition de Genève.

ACADÉMICIENS.

Par M. *Levaſſeur*, Académicien.

289. Antiochus dictant ſa derniere volonté.
D'après le Tableau de Noël Hallé.

Par M. *Lempereur*, Académicien.

290. Une Vénus.

Eftampe gravée d'après Annibal Carrache.

Par M. *Muller*, Académicien.

291. Alexandre, Vainqueur de foi-même.

Gravé d'après Goévaert Flinck.

292: Portrait de M. Wille, Graveur du Roi, d'après M. Greufe.

Par M. *Beauvarlet*, Académicien.

293. Toilette d'Efther.

D'après le Tableau de M. de Troy; hauteur 18 pouces, largeur 22.

Par M. *Du Vivier*, Académicien,
Graveur-Général des Monnoies de France
& des Médailles du Roi.

294. Sous un même cadre & un même numéro.

1. Bufte de la Reine, Médaille de 32 lignes.

2. Médaille de 25 lignes, décernée par les Actionnaires de la Caiffe d'Efcompte, aux inventeurs & adminiftrateurs de cet établiffement.

D'un côté, une femme tenant des billets & un coffre plein d'argent; de l'autre, une femme reconnoiffante des richeffes, que Mercure, fymbole des inventeurs, répand fur elle avec abondance.

3. Buſte de S. A. S. Mgr le Duc de Chartres, Médaille de 18 lignes.

4. Médaille ordonnée par les Etats-Unis de l'Amérique, à l'honneur de M. le Chevalier de Fleury, pour s'être diſtingué à la priſe de Stonypoint en 1779.

5. Médaille de récompenſe, ordonnée & fondée par la Ville de Paris, pour ceux qui ſecourent les Noyés.

6. Médaille de Roziere, pour la Paroiſſe de Murvaux, près Verdun.

7. Buſte de M. le Cardinal de la Rochefoucault, Archevêque de Rouen.

8. Buſte de M. le Prince Jules-Hercule de Rohan; au revers, ſes Armes ſoutenues par Céſar & Hercule.

9. Jettons de la Faculté de Médecine, MM. le Vacher & Philippe, Doyens; revers, Alexandre malade.

10. M. le Curé de Saint-André; revers, la Charité éclairée.

Par M. *Cathelin*, Académicien.

295. Le Portrait de Louis XV.

D'après Louis-Michel Vanloo.

296. Un Corps-de-Garde Italien, on y voit une diſpute de Joueurs.

D'après le Valentin.

AGRÉÉS.

Par M. *Aliamet*, Agréé.

297. Une Chaffe dans une Forêt.

D'après Berghem.

2 pieds 6 pouces de haut, fur 3 pieds 2 pouces de large.

Par M. *Strange*, Agréé.

298. Le Portrait de Charles Premier, Roi d'Angleterre, accompagné du Marquis d'Hamilton, fon premier Ecuyer; derriere eft un Page, fils de ce Seigneur, qui porte le manteau de Charles Premier.

D'après le Tableau de Vandick, placé dans le Cabinet du Roi.

L'Artifte, felon fon ufage, a peint ce morceau en miniature, avant d'exécuter l'Eftampe. Il eft actuellement occupé à le graver.

Par M. *Moreau*, le jeune, Agréé, Graveur du Cabinet du Roi.

299. Cérémonie du Sacre de Louis XVI.

Ce Deffin a été ordonné par M. le Maréchal Duc de Duras; c'eft le moment où Sa Majefté prononce le ferment.

Eftampe gravée d'après le même Deffin.

L'Eftampe de-même grandeur que le Deffin, a 3o pouces de long, fur 19 de haut.

3oo. Deſſin de l'Illumination, ordonnée par M. le Duc d'Aumont, pour le mariage du Roi.

Cette vue eſt priſe du bas du tapis vert, d'où l'on voit toute l'étendue du Canal.

Cette Eſtampe & ces deux Deſſins précédents appartiennent au Roi.

3o1. Deſſin repréſentant Louis XV à la Plaine des Sablons, paſſant en revue les Régimens des Gardes-Françoiſes & Suiſſes, l'inſtant eſt celui où les troupes défilent devant Sa Majeſté.

Ce deſſin a 1 pied de haut, ſur 2 pieds 3 pouces de long.

3o2. Trois Etudes au paſtel, ſous le même numéro, une tête de Femme & deux de Vieillards.

3o3. Le Portrait de Paul-Jones, deſſiné d'après nature, en 1780.

3o4. Vingt - neuf Deſſins *in* - 4° des Œuvres de J. J. Rouſſeau, pour l'édition de Bruxelles.

3o5. Un cadre renfermant pluſieurs Deſſins pour l'Hiſtoire de France, gravés ſous la direction de M. Lebas à qui ils appartiennent.

3o6. Autre cadre contenant cinq Deſſins *in*-8° pour les Œuvres de l'Abbé Métaſtaſe, & une grande vignette pour mettre à la tête de la Deſcription générale de la France; le ſujet eſt l'établiſſement de l'Ordre de la Toiſon d'Or, par Philippe le Bon, Duc de Bourgogne.

3o7. Une vue de l'Orangerie de Saint-Cloud.

3o8. Pluſieurs Deſſins *in*-4°, ſujets de la Henriade, qui formeront la premiere livraiſon des Eſtampes propoſées par ſouſcription, pour l'ornement des Editions de M. de Voltaire.

Cette livraison paroîtra en Janvier 1782.

309. Arrivée de J. J. Roufseau au féjour des Grands Hommes; fur le devant, Diogene fouffle fa lanterne.

Cette Eftampe paroîtra au jour dans trois mois.

310. Plufieurs Deffins & Efquiffes, fous le même numéro.

SUPPLÉMENT.

PEINTURES.

Par M. *David*, Agréé.

311. Bélisaire, reconnu par un soldat qui avoit servi sous lui, au moment qu'une femme lui fait l'aumône.

Ce Tableau est de 10 pieds quarrés.

312. S. Roch intercédant la Vierge pour la guérison des Pestiférés.

Ce Tableau est de 8 pieds de haut, sur 6 de large.

313. Le Portrait de M. le Comte de Potocki à cheval.

D'environ 9 pieds de haut, sur 7 de large.

314. Les Funérailles de Patrocle.

Esquisse.

315. Trois Figures Académiques dont une présente un S. Jerôme.

316. Une Femme allaitant son enfant.

317. Une Tête de Vieillard.

318. Plusieurs autres Etudes, sous le même numéro.

Nogent-le-Rotrou, imprimerie de A. Gouverneur.

CONDITIONS DE LA SOUSCRIPTION

A LA

RÉIMPRESSION DES ANCIENS LIVRETS

Chaque volume sera livré aux souscripteurs moyennant le prix :
De 1 fr. 25 sur papier vergé;
De 2 fr. 50 sur papier de Hollande;
De 3 fr. sur papier de Chine.
Les souscripteurs de Paris recevront les volumes à domicile. Ceux de province ou de l'étranger pourront se les faire envoyer en payant en surplus les frais de poste, s'ils ne préfèrent les faire réclamer aux bureaux de souscription.

On souscrit :

Chez : MM. LIEPMANNSSOHN ET DUFOUR, libraires, 11, rue des Saints-Pères.

On trouve à la même librairie,

LE DUC D'ANTIN ET LOUIS XIV, rapport sur l'administration des bâtiments annotés par le Roi, publiés avec une préface, par *J.-J. Guiffrey.*

Sous presse,

LES ARTISTES FRANÇAIS, NOTICES ET DOCUMENTS pour faire suite aux *Archives de l'art français*, publiés par MM. An. de Montaiglon et J.-J. Guiffrey. Un fort volume sur papier vergé tiré à petit nombre, titre en deux couleurs. Prix, 12 fr.

Nogent-le-Rotrou, imprimerie de A. Gouverneur.

9 782013 686525